AF245188

CONVERSATION

Entre deux

ANGLOIS.

Nous voilá cependant, Monsieur, arrivés au Grand Denoument de nôtre traité de Vienne.

Quoy ! il eſt donc vray que l'Espagne a ſigné ? nos voiſins les Hollandois ont ils auſſi deja Rectifié par leur acceſſion en forme l'irregularité de nôtre part d'avoir fait Parler leur Republique, ſur la Parole de ceux que nous avons crû en état de nous Repondre d'elle, comme Partie contractante avant que de l'avoir conſultée ? Don Carlos eſt il deja en mer pour aller Prendre poſſeſſion de l'Etat de Parma & Plaiſance? Les Places fortes de Toscane ſont Elles ouvertes a ſes Espagnols ? Eſt il temps de Danſer ſur les Ruines de la Compagnie d'Oſtende? enfin la France eſt Elle entrée dans le traité ?

Que vous allés vîte et que de choſes vous mettés enſemble ! il ny a Rien moins que tout cela, Monſieur.

Quoy ! néſt il pas au moins veritable que l'Espagne a ſigné?

A

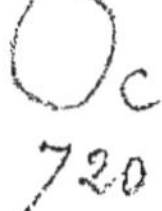

Di-

Diſons Plutôt que c'eſt nous qui avons ſigné, Et l'Espagne qui a ac-
cepté nôtre ſignature.

       Que voulés vous Dire ? n'accede t'elle pas au traité ?

Rien moins que cela; l'Espagne adopte uniquement ce qui eſt Per-
ſonnel a Don Carlos Et tout ce qui a Eté Promis pour la ſûreté de
ſon Etabliſſement.   Dailleurs Elle ne nomme pas ſeulement le traité de vienne et ne le Rappelle en aucune façon.

       Vous me Surprenés.

Ecoutés moy jusquau bout Et je vous ſurprendrai encore d'avan-
tage.   Vous croyés peut être quau moins il y a un tel Rapport entre la Declaration qui a été ſignée en Espagne (car ce n'eſt que cela) et nôtre traité de vienne que l' Execution de l'une aſſûre en En-
tier l'execution de l'autre ?

       Sans Doute.

Point du tout : Et a ſuppoſer comme nous le Promettons a l'Espagne que Don Carlos avant l'expiration de cinq mois, qui eſt le
terme ſtipulé, ſoit Établi Duc de Parme et maitre des Places fortes
de Toscane, L'espagne a la verité ſera ſatisfaite Et nous Rentre-
rons a ſon Egard dans la joüiſſance de tous les avantages, Privileges Et conceſſions ſur le commerce que les traités anterieurs nous
ont obtenus Et que celuy de Seville avoit confirmés, mais Pour le
ſurplus de nôtre traité avec la cour de Vienne Et Pour tout ce qui
Regarde, par exemple, la Compagnie d'Oſtende, les interets Particuliers des Hollandois ſur L'Oſtfriſe &c.   l'Espagne n'y ſeratenue
en aucune maniere.

       Qu'importe aprés tout ! Pourvû que nous Primions en Es-
pagne, que nous accumulions de ce côté lá faveurs ſur fa-
                                                veurs,

veurs, et que nôtre commerce fleuriſſe a Proportion que celuy de nos voiſins Diminüera.　Ce Doit Etre une maxime
conſtante pour nous que jamais les Hollandois, par exemple, neſeront plus ſouples et plus dans nôtre Dependance
que quand leurs affaires iront mal.　Nous ſommes leur appuy neceſſaire; Ce ne ſera pas dans le cas ou le Beſoin De-
viendra Preſſant quils Pourront ſén Paſſer.　Nous avons deja tout l'argent des Particuliers de chez eux quils Placent de
préference dans les fonds de nôtre nation; nous l'aurons encore alors davantage.　Tandis que leurs fonds ſeront ainſi
entre nos mains et que la fortune de ce quil y a de plus con-
ſiderable entr'eux croitra a meſure que la Proſperité de nôtre
commerce fera hauſſer nos fonds, nous aurons lá de Bons Ga-
rents de nôtre aſcendant ſur cette République.　Il n'en ſeroit
pas de même ſi ſon commerce Proſperoit et ſi ceux d'entr'elle qui viennent nous porter leur argent trouvoient a l'Em-
ployer plus utilement chez eux.　Ce ſont des voiſins que nous
ne Devons pas Laiſſer perir, Puiſquils nous ſervent de Bar-
riere et quils nous confient Leurs treſors; mais Pourvu quils
vivottent cela nous ſuffit.　Encore une fois l'eſſentiel eſt que
l'Eſpagne ſoit a nôtre Devotion et que par lá nous attirions
a nous tout le commerce de l'Amerique.

Mais, Monſieur, comment l'entendés vous ſ'il vous Plait? vous
eroyés peut être ſur ce qu'on vous a dit du Retabliſſement du traité
de Seville que nous Rentrons de ce moment dans la joüiſſance de
tous les Privileges et avantages que les traités anterieurs nous avoient
acquis?　Et que c'eſt l'Eſpagne qui en conſideration de ce que nous
faiſons pour l'Etabliſſement de Don Carlos ſe jette entre nos Bras?

Aſſûrément.

Vous vous trompés bien, Monſieur.　c'eſt tout le contraire; c'eſt
nous qui nous jettons entre les Bras de l'Eſpagne et qui nous met-
tons a ſa mercy.

A 2

Com-

Comment cela ?

Liſés.: Et *ſa majeſté Catholique entend et Declare que Déſque Laditte introduction et Poſſeſſion des Etats de Parme et Plaiſance ſera Effectuée, ſa Reſolution eſt* (pas Plutôt, prenés Garde a cecy ſ'il vous Plait) *que les articles ſusmentionnés du traité de Seville ſubſiſtent auſſi bien que la joüiſſance de tous les Privileges, conceſſions et exemptions en faveur de la Grande Bretagne qui ont été ſtipulés et ont été Litteralement contenus dans Lesdits articles et dans les traités anterieurs entre les Deux couronnes, confirmés par le traité de Seville &c.* Voilá ce que nous avons ſigné. Tirés vos conſequences.

Eh Bien, en Etabliſſant Don Carlos en Italie nous ſommes ſûrs de nôtre fait.

Mais, Monſieur, avés vous oublié que c'eſt nous qui avons le plus travaillé a ouvrir les yeux de l'Espagne Pour luy faire comprendre que jamais l'empereur n'avoit éu et n'auroit une intention ſincere d'Etablir l'Infant Don Carlos aux termes du traité de Londres ? N'eſtce pas ce que nous avons toujours dit et Penſé ? Qu'arrivera t'il cependant ſi cette Dispoſition que nos miniſtres dans toutes les cours ont ſi ſouvent imputée a l'Empereur et qui eſt aſſés vrayſemblable, ſe trouve vraye ?

Vous Mémbarraſſés.

Ce n'eſt pas tout, Monſieur; Repondés moy, je vous Prie. Aujourdhuy que nous avons offenſé de Gayeté de cœur la France, ſommes nous en Etat ſans elle de contraindre par la force l'empereur a Effectüer dans le terme Préſcrit l'etabliſſement en Italie de Don Carlos tant comme Poſſeſſeur actüel de Parme et de Plaiſance que comme ſucceſſeur eventüel de Toscane ?

Non.

Non affûrément.

Et quand nos amis les Hollandois fe mettroient de la Partie, en fe-
rions nous plus forts pour obliger l'Empereur d'accomplir fur cela
ce que nous avons toujours dit et crû qu'il n'accompliroit jamais
que par force ?

Bon les Hollandois ! Ceux d'entr'eux qui fe font entendus
fous main avec nôtre miniftre a la Haije pour la negotiation
de Vienne, auroient ils ofé le faire f'ils n'avoient pas eu pour
eux la crainte ou ils voyoient leur nation d'avoir a Entrer en
Guerre ? Et aujourdhuy ils la feroient avec nous feuls fans
la france Pour Etablir Don Carlos en Italie malgré l'Empereur ? Ne nous arretons pas, Monfieur, a une Pareille
queftion : ni eux, ni nôtre miniftere ne veulent point de
Guerre contre l'Empereur.

Cependant, Monfieur, avec ce Beau Principe nous allons demeurer a la mercy, ou de la cour de Vienne ou de l'Espagne, ou pour
mieux Dire de toutes les deux a la fois. Le moins qu'on Puiffe
penfer de l'empereur fur une chofe qu'il ne peut pas certainement
Effectüer volontiers, eft qu'il cherchera a Gagner du temps ; vous
convenés qu'il le peut fans Danger avec nous, Et même en mettant
les Hollandois par deffus le marché. Les Prétextes ne luy en man-
queront pas, furtout fi la Ducheffe de Parme enceinte vient a mettre au monde un Enfant mâle. La Proteftation de l'Espagne contre la Groffeffe de cette Princeffe Paroitra t'elle alors a la cour de
vienne un titre fuffifant pour exclurre le nouveau né et pour mettre
en Poffeffion Don Carlos comme Duc de Parme ? C'eft Pourtant
ce que nous Promettons. l'Empereur même fera t'il fort content
de nôtre convention avec l'Espagne ou il femble que cette couron-
ne aije affecté de ne pas nommer feulement le traité de vienne?
avons nous Droit d'attendre que la cour de vienne Paffera par deffus
tout cela et que pour l'amour de nous et par le feul motis de nous
tirer d'Embarras elle fe preffera de fe donner a elle même celuy d'a-

A 3

voir

voir pour voisin du Milanois Don Carlos soutenu de l'Espagne et
apparament avec le temps de la France ? Cependant si les cinq
mois stipulés s'écoulent sans que les places fortes de Toscane soient
Livrées aux Garnisons Espagnoles, Et sans que Don Carlos soit mis
en possession actüelle des Etats de Parme, nous voilá Brouillés avec
l'Espagne et de ce moment lá nous nous trouvons dechûs, de nôtre aveu, (vous l'avés vû) de toutes les conccssions, exemplions,
et privileges en faveur de la Grande Bretagne stipulés dans tes traités anterieurs entre les Deux couronnes et confirmés par celuy de
Seville. Ce mot *d' anterieurs*, monsieur, a bien de l'Etendue ; Il
ne Remonte pas seulemente du traité de Seville jusqu'a ceux d' Utrecht ; il faut l'entendre encore de tous les autres traités que ceux
d' Utrecht Rappellent. Voilá donc l'ouvrage de Bien des Ministe-
res et de Bien des années perdu pour nous d'un seul trait de plume,
et cela par nôtre propre fait ; Car ce n'est point icy un acte surpris,
ou que l'Espagne nous aije arraché ; C'est nous qui en avons solli-
cité la signature. l'Espagne n'a fait que se Prcter a ce que nous
luy avons offert, et ou de nôtre mouvement nous avons signé nôtre condamnation. Tant de traités avantageux pour nôtre commerce, que les conjonctures favorables nous avoient donné lieu
d'obtenir successivement de l'Espagne, Disparoissent pour nous par
le seul Retardement d'execution sur l'Etablissement de Don Carlos
en Italie, Etablissement neanmoins qu'il ne Depend pas de nous
d' Effectüer mais d' l'Empereur ; ainsi c'est de luy de qui Depen-
dra nôtre sort avec l'Espagne et par consequent celuy de nôtre commerce. Quelle honte pour nôtre nation ! quel affreux avenir !
mais nons prefererons peut être de demeurer attachés a l'Espagne
et de conserver nos avantages de ce côté lá ? Il faudra donc nous
Brouiller de nouveau avec l'empereur. mais cela ne suffira pas :
vous avés Reconnu nôtre Impuissance : Il faudra que pour faire
Réellement peur a l'Impereur nous ayons Recours a la France en
luy faisant amande honorable de nôtre infidelité et que nous la sol-
licitions sur le plan d'une Guerre Generale de Reprendre des idées
dont nous avons fait le pretexte de nos manqnements aux Engagements les plus solemnels et en particulier a ceux du traité d'Hano-
ver.

ver.   mais la france ſera t'elle Diſpoſée a nous Ecouter ? n'a t'elle
pas au contraire lieu de ſ'applaudir de ſe voir degagée par nôtre
manquement a la foy de nos traités communs, des engagements
onereux qu'elle avoit avec nous ?   voudra t'elle Reprendre des fers
que nous avons nous mêmes Briſés ?   ne Rira t'elle pas plutôt de nôtre embarras ?   voilá le früit qui nous attend de cette Puſillanimité
qui a fait de nos miniſtres des prothées qui ont crû pouvoir impu-
nément prendre ſucceſſivement toutes les formes.

    Il y a Longtemps, Monſieur, que je vous Ecoute; ſouffrés
que je parte a mon tour.   Tout ce que vous venés de me
dire n'eſt qu'un ſophisme et une pure Declamation.   Pourquoy voulés vous que l'Espagne ſén prenne a nous quand il
arriveroit que Don Carlos ne ſeroit point Etábli en Italie dans
le terme ſtipulé ?   Serons nous Reſponſables des Difficultés
que la cour de Vienne fera naître et des delais qu'elle appor-
tera pour les lever ?   La choſe ne manquera pas de nôtre
part : nous ſerons prets a tout pour le ſervice de l'Espagne:
nous couvrirons la mediterranée de vaiſſeaux : nous ferons
a Vienne Repreſentation ſur Repreſentation : nous offrirons
même a l'Espagne, ſi elle le veut, de transporter ſes ar-
mées.

Mais tout cela, Monſieur, mettra t'il Don Carlos en poſſeſſion ?

    Non; voulés vous qu'avec les ſeules forces de l'Espagne et
nos vaiſſeaux nous ſoyons plus forts en Italie que l'empereur
avec toutes ſes troupes ?

Que dira cependant l'Espagne ?

    Nôtre impuiſſance nous juſtificra : Ce ne ſera pas a nous
qu'il faudra ſén prendre, mais a la france et a ſon Refus d'ac-
ceder au traité et de ſe joindre a nous et a l'Espagne. Nous
au-

aurons fait preuve de nôtre Bonne volonté; Elle au contraire aura ſacrifié les interets de Don Carlos a un point d'Hon-
neur et a une vaine Delicateſſe. l' Indignation ſera pour elle
et toutes les faveurs pour nous. Cependant l'Empereur Gag-
nera du temps; Il ſe maintiendra dans la poſſeſſion qu'il a
priſe de l'Etat de *Parme*; Et ſi le Grand Duc vient a mou-
rir, il occupera de même la Toscane.   Moins il aura de
Droit de Demeurer ſaiſi de ces Etats, plus il aura Beſoin de
ne ſe point faire d'ennemis, Et plus par conſequent il aura
interêt de nous menager.   l'Aigreur ſubſiſtera entre luy et
l'Espagne, mais ſans pouvoir en venir a une Guerre ouver
te l'un contre l'autre a cauſe de la mer qui les ſeparera. nous
fomenterons la Diviſion, nous Rendant agréables d'une façon a vienne et d'une autre en Espagne.   Nous nous mena-
gerons les faveurs de la derniere ſur le commerce, *Pendant*
que nôtre *Roy* tirera *Parti* de la cour de vienne par Rapport
a ſes interets *Perſonnels* en *Baſſe* Allemagne.   Quant a nos
amis les Hollandois, nous abtiendrons de l'empereur pour
eux autant qu'il en faudra pour (comme je vous l'ay de ja
dit) les faire vivoter.

Voilá, Monſieur, un Beau plan! Si c'eſt ſur ce fondament qu'a
été Bati le traité de Vienne, le monument ne ſera t'il pas un peu
Etrange pour nôtre nation?

Etrange tant qu'il vous *Plairra*, *Pourvu* que nous ſortions
d'affaire, que nous ſoyons bien avec l'empereur, et mieux
que jamais avec l'*Espagne*.

Mais, Monſieur, y avés vous bien *Penſé* quand vous vous êtes fait
une *Pareille* idée?

Pourquoy non?

Le voicy, Monſieur.   Vous croyés que nôtre *Pretendue* Bonne
vo-

volonté dont nous aurons fait Parade en Espagne, fuffira pour qu'elle nous en tienne compte et pour qu'elle nous faffe joüir de tous
les avantages dont nous nous ferons nous mêmes Reconnus Exclus
de Droit ? vous croyés qu'aprés léxperience qu'elle fera de nôtre
impuiffance pour Effectüer ce que nous avons Promis, Elle n'aura
que des yeux d'indulgence pour nous et tournera tout fon cour-
roux contre la France ? Je vous Dis au contraire que nôtre impuiffance Reconnue achevera de convaincre l'Espagne qu'elle n'a de
vraije Reffource a attendre que du côté de la France : Ainfi tous
les menagements et toutes les faveurs feront pour elle, et pour nous
le mepris et l'Indignation.　Mais ce n'eft pas tout ; Croyés vous
que l'Empereur f'accommodera de l'Incertitude ou vôtre Beau Plan
le conftitüe et de la fituation toujours dangereufe pour luy Par ce
qu'il aura a craindre en Italie de la Part de la France et de l'Espagne ? f'il f'ennuye de cette fituation ét fi pour en fortir il f'accordé
fans nous avec ces deux couronnes, ou en ferons nous ? je vais plus
Loin : je fuppofe pour un moment, contre ce que nous avons toujours penfê et fi Longtemps dit, que l'Empereur fe Rendra a nos
inftances et que Don Carlos fera dans cinq mois réellement Etabli
Duc de Parme et maitre des Places de Toscane, l'appuy de la France ne Paroitra t'il pas alors a l'Espagne neceffaire et le feul veritable
foutien pour maintenir Don Carlos dans la Poffeffion ou il aura
Eté mis ? l'Empereur cependant ne f'allarmera til pas de l'Intelli-
gence de ces deux couronnes pour le foutien d'un Prince d'Espagne Puiffamment etabli dans la voifinage du Milanois ? n'aurons nous
point a craindre de voir encore une fois la cour de vienne changer
de fifteme et Rechercher la France et l'Espagne ? En fin né cour-
rons nous pas Risque d'etre les victimes de ce que ces trois Gran-
des Puiffances pourront mutüellement f'accorder a nôtre exclufion
et peut Etre a nos depens ? Qui fcait même fi malgré tout nôtre
afcendant fur les Hollandois, ces Reflexions qui ne leur Echape-
ront pas, ne leur en feront point faire pour eux mêmes ? aprés tout
qui les Preffe de f'engager ? a Bien confiderer nôtre fituation Pre-
fente, ne Devrions nous pas nous mêmes defirer qu'au lieu de Prendre Parti, ils demeuraffent plutôt en Etat d'Etre des Especes de

B

me-

mediateurs pour nous Reconcilier avec les Puiffances que nous avons
tour a tour offenfées et pour nous tirer du cahos ou nous ont jetté
nos imprudents miniftres ?

> Je n'ay plus Rien, Monfieur, a vous Repondre : j'applau-
> diffois au nouveau fuccés de nôtre miniftere en Espagne, et
> vous me confternés; mais Donnés moy cette Declaration
> que je la Relife encore.

Lá voilá, je fuis obligé de vous quitter et je vous la Laiffe.

> Declaration que nous les fouffignés Miniftres de leurs Ma-
> jeftés Britannique et Catholique faifons en vertu des ordres
> que nous avons des Rois nos Maitres.

> Le Roy de la Grande Bretagne ayant fait communiquer a fa
> Majefté Catholique le traité qu'il a conclû en dernier lieu
> avec l'Empereur et ayant Declaré qu'il a donné par lá les
> Preuves les Plus evidentes de la fincerité de fes intentions
> pour l'execution du traité de Seville, tant par Rapport a
> l'Introduction Effective des fix mille Hommes de Troupes
> Espagnoles fuivant la difpofition dudit traité dans les Places
> fortes de Parme et de Toscane, que par Rapport a la Promp-
> te Poffeffion de l'Infant Don Carlos conformément au con-
> tenu de l'article cinq de la quadruple alliance, fans que de
> la Part du fereniffime Infant ni de fa Majefté Catholique il
> foit neceffaire de Difputer, debattre, ou applanir quelques
> difficultés que ce foient qui Pourroient f'Elever fous aucun
> Pretexte que ce puiffe être.

> Sa Majefté Catholique Declare que Pourviê que tout ce qui
> vient d'Etre Enoncé foit Promptement executé, Elle fera
> pleinement fatisfaite et que nonobftant la Declaration faite
> a Paris le 28 Janvier dernier par fon Ambaffadeur extraordi-
> naire

naire le Marquis de Caſtelar, les Articles du ſusdit traité de Seville qui concernent directement et Reciproquement les deux couronnes ſubſiſteront dans toute leur force et toute leur extenſion; Et les Deux Rois ſusnommés Promettent Egalement de faire executer Ponctüellement les conditions exprimées dans Lesdits Articles auxquels ils ſ'engagent et ſobligent par le Preſent inſtrument, Bien entendu que dans le terme de cinq mois a compter du jour de la Datte de cet Inſtrument, ou Plutôt ſi faire ſe Pourra, ſa Majeſté Britannique fera effectivement introduire les ſix mille Hommes de Troupes Espagnoles dans les Etats de Parme et de Toscane et mettre l'Infant Don Carlos en Poſſeſſion actüelle des Etats de Parme et de Plaiſance en conformité a l'Article cinq de la quadruple Alliance et aux inveſtitures eventüelles; Et ſa Majeſté Catholique entend et Declare que Dés que laditte Introduction et Poſſeſſion des Etats de Parme et de Plaiſance ſera Effectuée, ſa Reſolution eſt, ſans qu'il ſoit Beſoin d'aucune autre Declaration ou inſtrument, que les Articles ſusmentionnés du traité de Seville ſubſiſtent auſſi bien que la Joüiſſance de tous les Privileges, conceſſions et exemptions en faveur de la Grande Bretagne qui ont été ſtipulés et ſont Litteralement contenus dans lesdits Articles et dans les traités anterieurs entre les deux couronnes, confirmés par le traité de Seville, Pour être Reciproquement obſervés et executés Ponctüellement. En foy de quoy, nous les ſusdits Miniſtres ſouſſignés de leurs Majeſtés Brittannique et Catholique avons ſigné la Preſente Declaration et y avons fait appoſer les cachets de nos armes.

Fait a Seville le 6. jour de Juin 1731.

... Cour d'Espagne la Ratification de l'Acte ... qu'il contiendra ... deux couronnes Publieront ... toute leur force et toute ... exécution; Et les deux Rois leur ... promettent de s'en exécuter Ponctuellement les conditions ...

... exécuter, au cinq mois à compter du jour de la Date de cette Ratification, ou Plutôt il faire le [s'il se], la Majesté Britannique tout incessamment Introduire les six mille Hommes de Troupe Neutre dans les Etats de Parme et de Toscane ... de Plaisance et de ... ses conformément à l'Article cinq du quadruple Alliance et aux Investures éventuelles; Et la Majesté Catholique entend et Declare que Dès que ladite Introduction et condition des Etats de Parme et de Plaisance ... Sa Majesté Catholique ... que les Troupes Ins ... populaires en état de Seville Jouiront aussi bien que la Jouissance de tous les avantages, connexions et exemptions en Faveur de la Grande Bretagne qui ont été stipulées et sont ... contenus dans les Articles et dans le traité de Seville; Pour être Réciproquement obtenues et exécutés Fondedialement. En Foy de quoy, nous les soudits Ministres soussignés de leurs Majestés Britannique et Catholique avons signé la Présente Declaration et y avons fait apposer les cachets de nos armes.

Fait a Seville le 6. jour de Juin 1731.

150

www.ingramcontent.com/pod-product-compliance
Lightning Source LLC
Chambersburg PA
CBHW061035090726